Marketing en YouTube

— — — — — ❧❀❧❀ — — — — —

Una Guía Completa para Crear Autoridad, Generar Compromiso y Hacer Dinero a través de YouTube

Mark Smith

veraz de los hechos y, por lo tanto, cualquier descuido, uso correcto o incorrecto de la información en cuestión por parte del lector será su responsabilidad, y cualquier acción resultante estará bajo su jurisdicción. Bajo ninguna circunstancia el editor o el autor original de este trabajo podrán ser responsables de cualquier adversidad o daño que pueda recaer sobre el lector luego de seguir la información aquí descrita.

Además, la información contenida en las páginas siguientes solo tiene fines informativos, y por lo tanto, debe considerarse de carácter universal. Como corresponde a su naturaleza, el material se presenta sin garantía con respecto a su validez o calidad provisional. Las marcas registradas encontradas en este texto son mencionadas sin consentimiento escrito y, bajo ningún motivo, puede considerarse como algún tipo de promoción por parte del titular de la marca.

Tabla de Contenidos

Introducción

Felicidades por descargar este libro y gracias por hacerlo.

Los siguientes capítulos abarcarán algunos de los conceptos fundamentales que necesitas conocer para empezar con el marketing en YouTube. Esta es una forma de marketing que algunas compañías tienden a pasar por alto, pero es una de las mejores opciones que puedes utilizar para realmente establecer una relación con tus clientes y promover tu negocio. En este libro, se hablará de cómo puedes empezar el marketing en YouTube para tu negocio.

Hay muchas cosas que puedes hacer con YouTube que resultan simplemente increíbles. No vas a querer comenzar directamente con un montón de videos que todo el tiempo hablarán del producto. No hay ninguna conexión, y tus clientes potenciales se aburrirán y dejarán de seguirte. Este libro no solo te mostrará cómo hacer estos videos de venta más adelante, sino cómo trabajar en esos primeros videos para que realmente impresiones a tus espectadores y hagas que se queden.

También hablaremos sobre cómo puedes proporcionarle valor a tu audiencia, cómo hacer que esos videos y la portada de tu canal se destaquen, cómo usar las herramientas de analíticas para descubrir cómo se están recibiendo tus videos, e incluso cómo AdWords te ayudará a promover tu sitio mejor que nunca. Cuando todas estas partes trabajan juntas, se hace muy fácil para ti obtener las vistas, e incluso ventas, que deseas.

Cuando estés listo para ver tu negocio crecer y quieras empezar a añadir algo del marketing en YouTube a la mezcla, asegúrate de revisar este libro. Tiene toda la información que necesitas para tomar las decisiones correctas y ver cómo tus ventas aumentan rápidamente.

Hay muchos libros sobre este tema en el mercado, ¡así que gracias nuevamente por escoger este libro! Se hizo el mayor esfuerzo para asegurar que contenga toda la información relevante como fue posible. ¡Por favor, disfrútalo!

Capítulo 1:
Cómo Empezar en YouTube

Antes de que empecemos a ver algunas de las cosas geniales que puedes lograr con el marketing en YouTube, es importante ver cómo funciona YouTube y sus inicios. Esta plataforma tiene un público inmenso, con más de 800 millones de usuarios activos al mes. Esto la hace el destino número uno para navegar, buscar, compartir y promover contenido de video. Cuando las personas quieren ver un video de algo, ya sea sobre cocina, ejercicio, cómo se hacen ciertas cosas, etc., irán directamente a YouTube.

Esto significa que YouTube es una de las plataformas más efectivas que puedes utilizar para crear un gran grupo de seguidores leales, conocidos en esta plataforma como suscriptores. A diferencia de otras plataformas de redes sociales, como Facebook e Instagram, todo el contenido que es puesto en YouTube estará en formato de video, haciéndolo único y personal.

Ahora, cuando se trata de marketing en YouTube, hay tres pilares muy cruciales que debes tomar en cuenta. El primer pilar es que necesitas atraer un público a tu canal por medio de los videos que publicas. Mientras mejor es tu video, atraerá más seguidores a tu canal. El segundo pilar es que necesitas interactuar con tu público. Tu público necesita estar involucrado contigo de alguna manera, ya sea emocionalmente o de otra forma, o dejarán de visitar tu canal. Y el tercer pilar es que necesitas hacer ventas dirigidas, lo cual significa que deberías vender algún tipo de servicio o producto a tu público.

Todas estas partes necesitan unirse, a través de los videos que creas para ayudarte a conseguir los seguidores y las ganancias que deseas. Ahora, algunas personas quizás ya tengan un negocio exitoso en otras plataformas de redes sociales, y ahora querrán llevarlo a YouTube. Podrás usar esos videos para promocionar tu producto, pero asegúrate de que los videos no están sobrecargados con ventas y que tienen algo capaz de atraer a los clientes, sino, será todo un fracaso.

En otros casos, quizás seas un completo novato, y quieras promocionarte a ti mismo, o hacer que tu negocio despegue. Esto también es válido, solo necesitas encontrar tu estrategia. Recuerda la conexión que estableces con tu público lo es todo. Hay millones de videos en YouTube, así que debes preguntarte: ¿Qué atraerá a tus clientes? ¿Qué los hará escoger tu video en lugar de otro? ¿Y cómo seguirán regresando por más contenido? Sí, promocionar tu producto es algo bueno, y es una excelente forma de promocionar también tu negocio o empresa, pero este método puede volverse obsoleto y aburrido si es lo único que muestras a tus clientes.

Supongamos que estás listo para empezar en YouTube. Pero antes, hay algunas cosas que debes tener en orden. Primero, necesitas crear una cuenta. Esto es muy fácil de hacer. Si ya posees una cuenta Gmail, deberías tenerla vinculada a YouTube y así podrás usar esa cuenta para iniciar sesión. Si tu dirección de correo electrónico es profesional y te sientes cómodo usándola para promocionar tu negocio, podrás acceder a tu cuenta y empezar.

Ya que la mayoría de las personas tiene una dirección de correo electrónico personal y querrán usar YouTube para promocionar su negocio, quizás consideren la creación de una dirección de correo electrónico solo para su negocio o para usarla en el canal de YouTube. Esto es muy fácil de hacer. Simplemente necesitas ir a www.gmail.com y crear la dirección de correo electrónico. Inicia sesión, y luego dirígete a tu canal de YouTube.

Desde allí, puedes ajustar las configuraciones de tu canal. Puedes escoger el idioma, algunas palabras clave para tu canal, e incluso cómo recibes notificaciones. Por supuesto, toma un tiempo para publicar algunos videos y dar comienzo al canal (hablaremos de cómo poner en marcha esos primeros videos y qué necesita estar en tu video para que se destaque del resto).

YouTube es una gran plataforma para establecer una conexión con tus clientes, y para asegurarte que puedes promocionar y vender tu producto de una manera que otras plataformas no pueden hacerlo. Este libro te dará las respuestas que necesitas para comenzar en este mundo, y crear una base de seguidores en muy corto tiempo.

Beneficios del marketing con YouTube

En este punto, quizás te preguntes por qué deberías explorar el marketing en YouTube. Hay muchas otras fuentes de publicidad que puedes considerar, así que: ¿Por qué debería estar YouTube entre tus opciones? Hay muchas razones por las cuales YouTube puede funcionar muy bien, a veces mucho mejor que otras alternativas, y esto puede ser cierto sin importa el tipo de producto o servicio que estés tratando de vender. Algunos de los beneficios de trabajar en YouTube son:

- Es gratuito: aunque necesitas invertir tiempo en descubrir tu público meta y crear los videos que quieres usar, ser capaz de subir e incluso crear directamente esos videos que deseas subir es completamente gratis. ¿Qué otra fuente de publicidad es gratis?

- El contenido es realmente poderoso: en un mundo enfocado cada vez más en internet, el contenido es sumamente importante. Y de todo este contenido, el contenido en video es uno de los mejores. En varias oportunidades, las personas preferirían ver información sobre algún producto o servicio en línea que leerla.

- Podría volverse viral: si creas un video que es muy bueno, emocional, gracioso, o algo más igualmente creativo, tu video podría volverse viral en corto tiempo. Volverse viral significa que podría haber miles de personas que compartan tu video con sus conocidos. Si resulta muy bien, tu negocio podrías darse a conocer a una cantidad innumerable de personas.

- Público local y global: basado en el tipo de palabras clave que uses, tu video podría ser visto por personas en todo el mundo. Si todo va bien, podrías conseguir clientes de países lejanos. Si te preocupa que el alcance sea muy grande porque tu negocio es local, es posible cambiar esto para que solo puedas ser visto por personas en tu región.

- Demuestra tu experiencia: puedes dar excelentes consejos en tus videos, los cuales te ayudan a mostrar a tus espectadores que eres un experto en tu campo. Muchos de los consumidores o clientes que buscas tendrán que escoger entre dos negocios, y quieres asegurarte de que te escojan. Si tienes videos en YouTube que muestren porque eres una buena opción, esto hará que tu negocio se destaque.

- Vender todo el tiempo: sólo porque inviertas algo de tiempo en un video y luego lo publiques no significa que tu trabajo haya terminado. Crear un video es como tener a uno de los mejores agentes de venta del mundo. Solo creas el video una vez y luego lo subes a YouTube. A partir de allí, el video puede empezar su trabajo, estando disponible a cualquier hora del día que alguien lo quiera ver. Y por cada video que creas, estás creando un nuevo agente de venta. Realmente no hay límite para lo que puedes hacer con esto.

- Da la cara a tu público: a veces lo que necesitas es darle a tu cliente una cara, una persona en la que puedan confiar, con el fin de establecer una conexión para lograr la venta. Y ya que es imposible que te reúnas con todos tus clientes, crear un video que pueda hacer esto por ti puede ser muy útil si eres tímido frente a la cámara, o puedes hacer un video enfocado en PowerPoint y luego agregar una foto de tu rostro para que las personas puedan ver cómo luces.

- Optimizar el video para SEO: esto es algo muy importante. Cuando alguien está haciendo una búsqueda en línea, es probable que el video mantenga una posición alta en las búsquedas orgánicas. Si esto es así para tu video, entonces es de mucha importancia ya que, por alguna razón, además de tu esfuerzo, el video sobresale del resto. Y por supuesto, más personas verán tu video si tiene una posición más alta entre los resultados de búsqueda.

Cuando se trata de marketing para tu negocio, realmente no existe mejor sitio para trabajar que YouTube. Este sitio te permite crear contenido que llegará a tus clientes y si lo haces bien, lo cual abarcaremos en los próximos capítulos, obtendrás una de las mejores tasas de conversión y ventas de todos los tiempos.

Creando videos que logran su objetivo

Por supuesto, si quieres tener éxito en YouTube, necesitas asegurarte de que estás creando videos que serán populares en la plataforma. Crear un buen video puede ser difícil. Algunos de los videos más populares disponibles en este canal no son particularmente de alta calidad, aunque esta es una característica recomendada para un video en YouTube, y algunos no son tan originales. Pero aún proveen algo de entretenimiento o valor al cliente, y logran obtener muchas vistas.

Hay algunos factores que necesitas tener en cuenta para crear un buen video que logre su objetivo. Necesitas comenzar con un video de alta calidad, ya que usualmente estos son de gran ayuda cuando administras un canal para tu producto o servicio. Intenta realizar un buen trabajo videográfico, o contrata a alguien que pueda ayudarte con ello.

También necesitas darle valor al video. Debe haber una razón por la cual las personas escogerán tu video, y lo verán por completo, en vez de pasar a otra cosa. Necesitas ser capaz de generar tanto valor como sea posible para tus clientes. Descubrir cómo dar este valor es la parte difícil, ya que cada empresa y producto tendrán sus diferencias.

Finalmente, necesitas promocionar el video. Si nadie tiene la oportunidad de ver tu video porque es difícil de encontrar en YouTube, será realmente difícil que tu compañía crezca. Hay varios métodos diferentes de promoción que puedes usar, como AdWords y muchos más.

Seleccionando las palabras clave

Mientras trabajas en tus videos, debes ser cuidadoso con las palabras clave que uses. Esta será la mejor forma para asegurarte de que las personas podrán encontrar tu video cuando estén buscando temas similares al tuyo. Hay muchas palabras clave buenas que puedes escoger, selecciona las que puedan ayudarte a conseguir más espectadores.

Debes tener en cuenta las cosas que tus clientes potenciales buscarán cuando necesiten tu producto o servicio. ¿Qué les gusta buscar a tus clientes o qué es lo que más les interesa? Esto te ayudará ya que te garantiza la capacidad de obtener los espectadores más relevantes para ti.

Si no estás seguro de qué tipo de palabras clave deberías usar, piensa sobre lo que tus usuarios necesitan. También existen herramientas que puedes usar para ayudarte a seleccionar las mejores palabras clave, las cuales realmente pueden ayudarte a llegar a los clientes y espectadores que quieres.

Generando valor para los clientes

Sin importar el tipo de producto estés vendiendo, o el público meta al que quieres llegar, necesitas estar seguro de que cada video que crees esté generando valor para tus clientes. Es fácil para alguien nuevo en el marketing preocuparse por sus ganancias y por cómo hacer dinero, pero si este tipo de actitud comienza a reflejarse en tus videos, y eventualmente ocurrirá, no serás capaz de conseguir clientes.

Tu trabajo es siempre conocer qué es lo mejor para el cliente, y una forma de hacer esto es mostrar crear algún tipo de valor para el cliente. Hasta los videos que haces antes de promocionar tu producto o servicio deberían tener algún valor para el cliente. Esto también incluye valor de entretenimiento. Si no hay valor alguno para el cliente, no estará dispuesto a comprar lo que vendas.

Aquí también es donde se establece la relación y conexión entre tú y el cliente. Tu objetivo es crear algunos videos que no solo serán buenos, sino que también ayudarán al cliente a sentirse valorado y más cercano a ti y a tu producto. Cuando esto se logra, será mucho más probable que quieran comprar de ti más adelante, cuando comiences a subir tus videos de conversión.

Hay muchas formas diferentes en las cuales puedes generar valor para tus clientes. Puedes brindar entretenimiento, algo que los haga reírse, o los haga sentir algo al escuchar tu historia. Puedes mostrarles como el producto les puede proporcionar algún valor en su vida cotidiana (no simplemente mostrar cómo funciona el producto como tal). Revisa tu producto y los mensajes que intentas enviar al mundo con el mismo, y serás capaz de descubrir la mejor forma en la que tu producto puede generar valor para otros.

No olvides promocionar

Puedes haber creado el mejor video en YouTube del mundo, pero sin promoción, es poco probable que muchas personas vean tu video. Necesitas esforzarte y encontrar una manera de promocionar para lograr algunas ventas. La buena noticia es que hay millones de usuarios activos cada mes en YouTube, lo que significa que hay muchos clientes potenciales. Pero también significa que habrá mucha competencia, y si no haces algún tipo de promoción para hacer que tu video se destaque, se perderá entre el montón.

Ya que Google compró la plataforma de YouTube recientemente, podrás usar AdWords para Video y ayudarte con este tipo de promoción. Esta es una de las mejores herramientas de marketing y publicidad de entre tantas que puedes escoger. Tiene todas las funciones y podrás personalizar muchas cosas para alcanzar el público meta, mantenerte dentro del presupuesto, y mucho más. Más adelante hablaremos de AdWords y cómo configurarlo en tu cuenta.

Deberías hacer uso de este tipo de promoción. Los programas, especialmente AdWords, te brindan información detallada y podrás ver si tu trabajo está dando resultados. Puedes ver si estar alcanzando tu público meta adecuado, si estás alcanzando la tasa de conversión que buscas, y mucho más. Nunca subestimes la utilidad que estas herramientas tienen, y descubre todas sus ventajas.

Sin importar qué tipo de campaña publicitaria estés tratando de crear, necesitas usar AdWords para Video en YouTube. Pero hay otros métodos que puedes probar también. Algunas personas prefieren publicar sus videos en Facebook. Esta es una buena forma de conseguir vistas ya que puedes compartir el video con tus amigos y familiares, y pedirles que lo compartan. Si el video resulta exitoso, puedes terminar logrando que sea viral.

La promoción es muy importante para ayudarte a obtener los resultados deseados para tu video. Crear una campaña de marketing puede ser un poco aterrador, pero es la única forma de descubrir tú público y asegurarte de que tu información está llegando a la mayor cantidad de personas posible. Hay una gran cantidad de videos buenos en YouTube que nunca han conseguido vistas, simplemente porque los creadores estaban muy asustados para hacer la promoción que esos videos necesitaban.

¿Qué tan bien te va?

Sin importar que tipo de producto o servicio ofreces a las personas, necesitas estar seguro de que tienes algún método para determinar si tu estrategia está teniendo éxito o no. No es bueno trata de adivinar tus resultados, ya que muchas veces vas a estar completamente equivocado. Y considerando que YouTube tiene servicios de analítica disponibles, ¿por qué tratarías de adivinar esto?

La herramienta YouTube Analytics te ayudará a mantener un control de lo que estás haciendo con tu publicidad. Es mejor estar seguro de que estas enviando el mensaje correcto, de que estás llegando a las personas correctas que tienen interés en comprar tus productos y a quienes deseas impresionar con el arduo trabajo que has hecho. Usar una herramienta como YouTube Analytics te ayudará a lograr esto.

Existen algunas opciones entre las cuales puedes escoger cuando se trata de crear un plan de marketing para tu empresa o negocio. Puedes trabajar tu publicidad en imprenta, radio, televisión, e incluso otras redes sociales. Pero nada es tan efectivo ni original como hacerlo por YouTube. Esta plataforma social te permitirá publicar tus videos, los cuales trabajan de manera única porque establecen una conexión entre ti y el cliente, algo que no es visto siempre o posible en otras formas de publicidad que pudieras utilizar. Si quieres hacer algo completamente único y original para tu campaña de marketing, y llegar a un gran grupo de personas que podrían estar interesadas en adquirir tus productos, entonces es tiempo de que comiences a trabajar en tu propia campaña de YouTube.

Capítulo 2:
Creando Tu Primer Video

Uno de los retos más grandes que encuentran los novatos del marketing es conseguir nuevos usuarios para su canal que vean sus videos. Hay millones de videos en YouTube, por lo que destacarse entre el montón puede llegar a ser una tarea difícil. Necesitas ser capaz de crear un video que no solo venda tu marca y tu producto, sino que realmente lleve a las personas a ver tus videos.

Así que, ¿Cómo puedes estar seguro de que estos clientes potenciales vean tus videos y puedan encontrarlos entre tantos otros videos de YouTube? La respuesta a este problema es crear videos que aumenten el tráfico web de tu canal. Estos videos son creados y subidos por los creadores de contenido, y son capaces de alcanzar a muchos clientes en corto tiempo. El objetivo principal de estos videos es atraer la mayor cantidad de personas posibles a tu canal para que apreciar tu valor y el contenido principal de lo quieres mostrarles.

Estos videos pueden ser herramientas poderosas ya que establecerán el estilo de tu canal. Serán algo cortos; la mayoría tendrá una duración menor a siete minutos, pero atraerán a muchas personas así que la cantidad de vistas será alta. Sin embargo, recuerda que estos videos no llamarán la atención de todos y solo unos cuantos de estos espectadores se convertirán en tus suscriptores. Aun así, esta es una buena manera de comenzar y llevar tu contenido al tope de las listas de búsqueda, lo cual te ayudará en el futuro.

Hay algunas caracterizaciones que encontrarás cuando trabajes en un video para aumentar el tráfico web. Algunas de estas son:

- Alcance masivo: estos videos tendrán una alta cantidad de espectadores que conseguirán más personas y suscriptores para tu canal.

- El público que atraigas será indefinido, amplio, y esporádico. Esto puede atraer una buena cantidad de personas, pero no todos se quedarán por mucho tiempo.

- Corta duración: estos videos usualmente no duran más de siete minutos.

- Alta cantidad de "Me Gusta",

- Alta cantidad de veces compartido

- Muchos comentarios

- Tasa de conversión baja de suscriptores del canal, pero puede ayudarte a conseguir más de los "me gusta" que necesitarás en el futuro.

Así que hablemos de los distintos tipos de videos de tráfico web con los que puedes intentar conseguir más visitas a tu canal y que vean tu contenido.

Videos virales

Este tipo de videos contienen clips cortos que pueden conseguirte millones de vistas. Usualmente se debe a que los seguidores comparten los videos en las redes sociales y otros sitios. Por lo general, son contenido original preparado para llamar la atención de los demás y aumentar el número de veces que el video se comparte. También será un video independiente, lo cual significa que no habrá otros videos con este que formen parte de esta serie.

El propósito de este tipo de videos es obtener la mayor atención posible y promocionarlo para que las personas compartan el contenido dentro de sus círculos sociales. No alcanzarán a un sector demográfico específico, pero atraerán diversos grupos de personas a través de las redes sociales para que consigas la mayor cantidad de vistas posibles.

Hay una variedad de temas de los cuales puedes escoger para crear tus videos virales. Algunos de los temas que funcionan muy bien para esto son:

- Celebridades que se encuentran en situaciones inesperadas

- Peleas

- Accidentes

- Parodias

- Cover de canciones

- Videos de animales

- Bromas

Videos en Tendencias

Otro tipo de video que puedes usar para promover tu canal de YouTube son los videos en tendencias. Estos son videos que tratan sobre temas del momento que estén en tendencia en el mundo o en los medios. Estos también serán videos independientes y darán un interés único en las redes sociales, con la esperanza de llegar a millones de personas con solo un video. Por supuesto, este tipo de video también será amplio en cuanto al público que alcanzarás, y no habrá un sector demográfico específico.

Hay una gran variedad de temas en tendencia que puedes usar en estos videos, solo necesitas ver las noticias y asegurarte de estar al día. Algunos de los temas que puedes usar son lo más destacado en deportes, festivales cinematográficos, descripción de nueva tecnología, avances de películas, y elecciones políticas.

Video de interés general

Estos videos se tratan de algún tema que tiene un gran interés actualmente de forma que los usuarios en las redes sociales querrán verlo. Estos no serán compartidos tanto como los otros tipos de videos, pero aun así obtendrán una gran cantidad de vistas debido a las búsquedas directas. Algunas veces son conocidos como Video Viral "Sin Intención" o Video Viral "Por Error".

Algunos de los temas que puedes usar en estos videos de interés general son tutoriales, reacciones, experimentos sociales, y evaluación de productos. Estos videos deberían brindar algún tipo de información y valor a tus clientes o espectadores para que consigas que algunas personas vean la información.

Videos de colaboración

Descubrirás que los videos de colaboración también pueden resultar exitosos, pero funcionan de una manera diferente en comparación a otro tipo de videos. En estos, habrá diferentes YouTubers que se reunirán en un mismo video, pero serán capaces de presentar su propio contenido en el mismo. Cuando cada colaborador haya terminado, cada YouTuber que estuvo en el video lo compartirá en su canal personal, ayudando a crear una promoción cruzada y alcanzar un público mucho más grande.

Para crear un video de colaboración, deberás encontrar otros canales que sean similares al tuyo para que puedas llegar a los usuarios correctos y compartir un mensaje similar al de esos canales. Esto es un trabajo para un público meta más centrado en comparación a otras opciones, y es más probable que obtengas una tasa de conversión de suscriptores más alta.

Entonces, ¿Cómo haces que funcione uno de estos videos de colaboración? Primero necesitas asegurarte que estas mostrando valor a las otras personas que podrían colaborar en el video. Deberías buscar y ver varios canales cuyo contenido y cantidad de suscriptores es similar al tuyo. Hazles saber que disfrutas el contenido de sus videos, que tienes algo de tiempo viéndolos, y que te parece que su contenido es fascinante.

Una vez que hagas contacto, podrás explicar cómo un proyecto de colaboración los ayudará a ambos a llegar a un público más grande, conseguir nuevos usuarios, y expandir sus canales. Recuerda que no se trata solamente de ti; debe generar algún valor para tu canal y el de los demás, de otra forma no obtendrás los resultados que quieres.

Escoger el tipo de video que quieres usar puede ser el reto más difícil para poner tu canal en marcha. Tienes que escoger el tipo de video que funcionará de la mejor forma, y tener una idea brillante que atraerá a las personas hacia tu canal, lo cual posiblemente te consiga más "Me gusta", o hasta más suscriptores que harán crecer tu negocio. Esto será una gran forma de dar inicio a tu canal, pero recuerda, hay otras cosas en las que también debes trabajar.

Cuando pongas en marcha uno de tus originales videos virales, necesitarás trabajar en otro tipo de video que deseas tener en tu canal. Estos pueden hablar sobre tu servicio y producto, y te ayudarán a conseguir más personas de tu público meta específico, pero el video viral siempre es una buena manera de dar a conocer tu canal y empezar a ver resultados.

Capítulo 3:
Conociendo a Tu Público

En el capítulo anterior, hablamos sobre las primeras cosas que deberías hacer para atraer nuevos usuarios a tu canal. Un video viral es una de las mejores formas para ello, pero aún hay más por hacer. La siguiente tarea es involucrarte con tus espectadores, aquellos que encontraron tu canal, y buscar alguna forma de que se enamoren de tu contenido. Estos serán tus clientes leales, aquellos a los que serás capaz de dirigir la venta de tus servicios o productos. Esto es el proceso oculto que definirá tu marketing en YouTube.

El objetivo ahora es producir contenido que involucre a tu público. Necesitas ser capaz de reconocer rigurosa y profundamente quién es tu público meta y lo que valoran estas personas. Antes de comenzar, hay dos requerimientos esenciales que necesitas tener en cuenta. Cuando estás buscando un público debes recordar que:

- El público necesita estar interesado en el tema o contenido de tus videos.

- Tu público debe ser activo en YouTube.

Ahora podrás ser capaz de identificar a tu público en YouTube. Tienes que recordar que el público que buscas necesita entrar dentro de los requerimientos listados anteriormente. Si no tienes muchos conocimientos en marketing, puede serte difícil escoger al público correcto para poder lograr tus ventas.

Antes de comenzar con algún video que quieras crear o diseñar para tu canal de YouTube, necesitas hacerte unas preguntas. Estas tienen la finalidad de que llegues a las personas correctas, y no pierdas tu tiempo y energía detrás de las personas equivocadas. Deberías revisar las respuestas a estas preguntas cuando tengas dudas sobre lo que pasa, o si estas enviando el mensaje correcto a tus clientes. Las cinco preguntas que necesitas hacer sobre tu público son:

- ¿Qué edad tienen? Esto puede incluir si se trata de adolescentes o adultos en cualquier rango de edad, y tenerlo en consideración para tu contenido.

- ¿Dónde viven? Considera la zona horaria en la que viven y si esto afectará el tiempo en el que publicas tus videos, o si existen barreras de idioma

- ¿Son hombres o mujeres?

- ¿Qué hacen durante el día estas personas? ¿Son estudiantes, trabajan, tienen familias, y qué es importante para ellos?

- ¿Por qué estas personas acceden a YouTube? ¿Con qué frecuencia lo hacen? ¿Buscan algún tipo de información en específico o simplemente están pasando un rato?

Descubrirás que YouTube Analytics, una herramienta que discutiremos más adelante en este libro, puede ser excelente al momento de escoger a tus espectadores y aprender más sobre ellos. Gracias a que Google tomó posesión de YouTube, ahora eres capaz de obtener detalles sobre las estadísticas de tus espectadores. De hecho, serás capaz de revisar información precisa sobre tus espectadores, e incluso obtener más información sobre tu público a medida que crece. Por ejemplo, podrás revisar qué tipo de información y contenido le gustará a las mujeres de tu audiencia.

Si llevas tiempo en el negocio, podrás poner en práctica los conocimientos de marketing que has adquirido a lo largo del tiempo. Tu sector demográfico de YouTube puede ser muy similar al de otros medios y redes sociales, así que puedes tener una parte del trabajo ya listo. Por supuesto, debes recordar que este medio social es muy diferente a otros. Este solo estará sustentado por videos, sin transcribir texto ni otras palabras, así que quizás debas hacer algunos cambios para alcanzar a tus clientes de una mejor forma.

Para aquellos que están dando sus primeros pasos en el marketing, deben realizar este análisis de sus clientes de todas formas. ¿Cómo puedes estar seguro de que tu estrategia de marketing está enfocada a las personas correctas, y que no estás perdiendo el tiempo y energía, sin importar el tipo de campaña de marketing en la que estás trabajando?

Conocer a tu público es importante. Debes asegurarte de que estás creando videos con buen contenido para llegar a tu público meta y no esforzarte en vano. Al preguntarte las cinco preguntas anteriores, y hacer tantas preguntas como sean necesarias sobre tus clientes, serás capaz de obtener la mayor información posible para poder crear videos fantásticos y conseguir ventas.

Capítulo 4:
Generar Valor Único y Original para Tu Público

La siguiente parte en la que necesitas trabajar es cómo generar valor para tus clientes. No basta con hacer videos y esperar que a las personas les gusten. Estos videos necesitan crear algún valor para tus clientes, brindar una solución a sus problemas, entretenerlos, o algo más. Narrar información sobre tu producto no será suficiente para ayudarte a retener espectadores.

Si estás interesado en que millones de personas vean tu contenido, necesitas estar seguro de que sea de la más alta calidad. Estos videos deben ser mucho mejores que los de tu competencia, y créeme, te enfrentarás a mucha competencia. Si quieres asegurarte de atraer nuevos espectadores, y retener aquellos que ya tienes, necesitas que los videos no sólo sean de alta calidad, sino que tu contenido también provea algún tipo de valor.

"Valor" es una palabra que escucharás mucho en la industria de marketing, pero muy pocas personas saben lo que significa. Con una perspectiva avanzada, la palabra puede definirse con facilidad. Básicamente, "valor" significa que tu público le dará un nivel de importancia, mérito y utilidad a tu contenido. Sin embargo, será difícil descubrir el valor exacto que tu público le dará al video y contenido que subas, en particular porque se trata de una industria completamente digital.

Veamos un ejemplo. Los videos de "fails" se han vuelto muy populares en la red. Por lo general, se trata de intentos de acrobacias que salen mal de formas inesperadas, y pueden terminar con la persona resultando herida tras el accidente. FailArmy es un canal popular de YouTube que cuenta con más de 12 millones de suscriptores.

La pregunta aquí es cómo puedes describir la razón de que a las personas les guste este tipo de videos. Los espectadores verán cualquier contenido que les proporcione valor alguno, y es tu labor como el especialista en marketing de tu compañía identificar el valor de estos videos y llevarlo al máximo en el contenido que entregas a tus espectadores. Entonces, ¿Por qué los videos de "fails" son tan populares? No son de tan alta calidad, definitivamente no son originales, y por último, no son tan extraordinarios.

Hay un artículo en Adweek en el cual se discute los videos de "fails" y el porqué a las personas les gusta tanto. Hay tres factores que son analizados: subir el Ego, el elemento sorpresa, y el elemento de la incredulidad. Si buscas crear un canal similar a aquellos de videos de "fails", necesitarás investigar mucho sobre estos tres factores para utilizarlos en tus videos, y generar más compromiso.

Descubrir cuál es el valor para tus espectadores es algo realmente difícil. No puedes conocer directamente a las personas que están viendo tus videos y debes ser capaz de descubrir qué les gusta a éstas personas, qué hacen en su tiempo libre, qué disfrutan o encuentran interesante, y mucho más. Sin embargo, si quieres conseguir ventas, debes ser capaz de entender el valor para tus espectadores.

Después de revisar algunos de los temas discutidos anteriormente en este libro, deberías tener una buena idea de cuál es tu público meta. Si aún no lo has descubierto, debes hacerlo ahora mismo antes de continuar. Necesitas tener en mente algunas de sus características como su edad, su género, la forma en la que navegan por internet, sus hábitos cotidianos, y más. Esta información será muy útil cuando debas crear contenido, teniendo en mente qué valoran tus clientes.

Para poder comprender realmente cuál es tu público, puedes usar el siguiente enfoque:

Paso 1: Evalúa la competencia

Cuando comienzas un canal de YouTube, o cualquier negocio o servicio en marketing según aplique, la primera cosa que debes hacer es darle un vistazo a tu competencia. No importa lo que estés tratando de vender, siempre existirá algún tipo de competencia, u otro canal, contra el cual estarás compitiendo en YouTube.

Tener alguna competencia es importante, ya que demuestra que existe un mercado y público para tu contenido. Es mucho más fácil cubrir las necesidades de un mercado que crear uno nuevo. Hay muchos tipos diferentes de competencia con la cual competirás. Por ejemplo, la competencia directa serán las personas que estén vendiendo productos iguales o similares a los tuyos. Si estas vendiendo joyería, esta competencia sería las otras personas que también venden joyería.

Pero también habrá competencia indirecta, y no puedes olvidarte de estas personas. Si tu negocio es vender hamburguesas y papas fritas, también estarás compitiendo con supermercados, puestos de tacos, y otros lugares y puestos para comer. Cada compañía tendrá un efecto, tanto directo como indirecto, así que aprender quiénes son estas personas te puede ayudar a crear videos de mejor calidad que tu competencia para tu público meta.

Deberías dar un vistazo a los grandes y pequeños competidores en tu área. Los más pequeños son los que estarán más dispuestos a trabajar contigo, y esta es la estrategia que deberías tener en este momento. En el futuro, puedes considerar trabajar con los más grandes al tener más experiencia.

Para empezar, deberías ver al menos cinco de los pequeños y cinco de los grandes canales que tiene objetivos similares a los tuyos. Por cada uno de ellos, debes escoger tres cosas de sus canales que realmente te gusten. Puedes escoger tomas detrás de escena, sus videos de más alta calidad, sus temas, y más. Cuando tengas esto listo para cada uno de los canales, será tiempo de escoger tres aspectos de esos canales que no te gusten. Por cada uno de estos, escribirás información sobre cómo tú podrías solucionar ese problema en tu propio canal.

Mientras revisas esta información, siempre te debes preguntar: ¿Por qué las personas están viendo estos videos? ¿Qué están buscando obtener los espectadores de estos videos? Puedes tomar algo de tiempo revisando algunos de los comentarios porque pueden ayudarte a entender las razones por las cuales a estas personas les gusten esos videos. Recuerda que debes usar las cualidades positivas de tu competencia, pero también aprender de sus errores.

Paso 2: Mejora y perfecciona tu lista para proponer valor

En el paso anterior, debías crear una lista para describir las razones por las cuales los usuarios son atraídos al canal de tu competencia. Sin embargo, no tendrás éxito si sólo tomas esta información para imitar a tu competencia. En su lugar, necesitas buscar mejorarla. Debes ser capaz de diferenciarte de una manera en la que puedas tomar una parte de su valor comercial y brindar contenido que tenga un mejor valor.

Para lograr esto, necesitas perfeccionar tu lista para proponer valor, como se describe en los siguientes pasos:

- Compara la propuesta de valor que desarrollaste para tu público meta. ¿Es posible mejorar alguno de estos aspectos para el género, hábitos, y rango de edad de tu público meta?

- Siempre usa tus fortalezas. ¿Acaso tú o alguien en tu equipo posee alguna habilidad única que pueda aprovecharse? Por ejemplo, si eres muy bueno usando Photoshop, puedes emplearlo para crear videos excelentes.

- Producir contenido: cuando estés listo con tu propuesta de valor, la cual tomaste del paso anterior, ahora es tiempo de producir y lanzar los primeros videos en tu canal.

- Evaluar: mientras subes videos a tu canal, vas a percibir algún tipo de retroalimentación. Puedes tomar esta información y aplicarla a tu propuesta original. Habrá momentos en los que recibirás crítica, pero es importante tomar esto en cuenta e intentar hacer las mejoras apropiadas. Sí, habrá momentos en los que la retroalimentación no será útil, pero en otros te ayudará a realizar grandes cambios que realmente te beneficiarán.

Uno de los pasos en los que debes trabajar es identificar la razón de que parte de tu público responda positivamente a algunos de tus videos, y negativamente a otros. Una vez que tengas una teoría del porqué, será tiempo de probar el mercado. Puedes crear un video nuevo dirigido a obtener retroalimentación de tus clientes antes de tomar el siguiente paso. Nuevamente, puedes encontrar respuestas tanto positivas como negativas en el video (esto ocurre siempre ya que no a todos les gustará lo que tengas que decir). Puedes revisar esta nueva retroalimentación y ver si es necesario realizar cambios.

Las mejoras continuas son importantes para ayudarte a lograr los resultados que deseas. Las compañías que dominan un mercado son aquellas que siempre revisan las respuestas en sus videos y hacen los cambios que necesiten.

Recuerda, para tener un canal exitoso en YouTube, debes producir contenido fantástico. Pero ese es solo uno de los factores que hacen a un canal exitoso. Los videos de alta calidad pueden ayudarte a atraer algunos clientes, pero necesitas ser paciente, aprender cómo involucrar a tus espectadores, consistencia, campañas publicitarias, y marketing para alcanzar el éxito.

Capítulo 5:
Consejos y Estrategias que Sí Funcionan

Como se ha mencionado en este libro, necesitas tomar un tiempo para saber quiénes forman parte de tu público meta, entender lo que valoran, y ser capaz de brindar eso a las personas adecuadas. Todo esto es importante para ayudarte a involucrarte con tu público. Sin embargo, es importante que recuerdes que YouTube es una plataforma para compartir videos y depende de la comunicación y apariencia, esto significa que no debes enfocarte exclusivamente en el contenido.

Hay muchos detalles que necesitas tomar en cuenta al momento de diseñar tus videos. Solamente sentarte frente a la cámara y hablar no dará resultados. Algunos de estos detalles son:

Apariencia y visualización de la página principal de tu canal

Cuando los espectadores vayan a ver uno de los videos que publicaste y den a "me gusta", es muy probable que estas personas visiten la página principal de tu canal. El estilo de tu marca y la visualización serán unas de las primeras cosas que verán, así que debes poder impresionar a estas personas.

Aunque existen diferentes opciones para personalizar la apariencia de la página principal de tu canal, hay dos componentes que son cruciales:

El icono del canal: esta será la imagen más visible de tu canal. Aparecerá en todos tus videos y en todos los comentarios que publiques. Dependiendo del tipo de negocio que manejes, esta podría ser una foto de tu rostro o el logo de tu compañía.

La imagen del banner: esta también es importante. La imagen del banner será una imagen grande para el fondo de la página principal de tu canal. Querrás asegurarte de que esta imagen sea de alta calidad y que sea llamativa para tus espectadores, ayudándote a presentarles los productos o temas que estés promocionando.

Si no tienes experiencia alguna con diseño gráfico, entonces sería buena idea contratar a alguien que te pueda ayudar con ello. Estas imágenes son una de las primeras cosas que verán las personas cuando se dirijan a tu canal, así que querrás asegurarte de que se vean bien. Podrás encontrar buenos diseñadores con los cuales trabajar si buscas en línea. Si necesitas algunas ideas sobre cómo deberían verse estas imágenes, considera revisar otros canales para descubrir qué se ve bien.

El tráiler de tu canal

Otra cosa en la que debes trabajar es en el tráiler de tu canal, este será el primer video que vean las personas cuando entren a tu canal. Puedes divertirte con este tipo de video, pero debes asegurarte de que cuenta un poco sobre ti, que hable sobre lo esperas para tu canal, y hasta puede incluir algo de la historia de tu negocio.

Necesitas poner esfuerzo en este video ya que debe ser uno de tus videos que más involucre a los espectadores. Puede durar pocos minutos, pero necesita ser suficiente para convencer a alguien, que tal vez nunca haya escuchado sobre ti, para que le de "Me gusta" a tus videos y frecuente tu canal. Este debe ser un video que genere valor a los espectadores y demuestre tu personalidad.

Lista de reproducción y organización de videos

La lista de reproducción que tengas en tu canal puede ser una buena forma de atraer clientes, pero necesita tener un buen conjunto de videos y temas claros. Debes tener una estructura que sea efectiva para tu canal. Para empezar, has una lista de tres o cuatro temas que creas que los espectadores podrían disfrutar, y luego trabaja en crear listas de reproducción en base a esos temas.

No querrás sobrecargar tu canal con muchas listas de reproducción si acabas de empezar tu canal, así que ten cuidado al momento de utilizarlas. Puedes añadir más listas en el futuro, pero si eres un novato con pocos videos, es mejor comenzar con pocas listas para mantener las cosas en orden. Estas listas son útiles, ya que le permite a los espectadores saber de qué trata tu canal desde el principio y serás capaz de resolver un problema para ellos de esta manera, haciendo las cosas más fáciles.

Involúcrate correctamente con los espectadores

Sin importar qué tipo de producto estés diseñando, necesitas asegurarte de que estás estableciendo una relación personal entre tú y los espectadores. Tus clientes están interesados en adquirir productos de personas que conocen y en las cuales confían, así que debes trabajar en este tipo de relación a través de los videos que crees.

Hay varias estrategias que puedes aplicar para lograr una conexión emocional fuerte y directa con tus espectadores. La primera es aprender la manera correcta de comunicarte con tus espectadores y agradecerles por tomar su tiempo en ver tu canal. La segunda es tu actividad entre los comentarios. Aunque no puedas usar todo tu tiempo en responder a cada una de las personas que comenten en tus videos, debes hacer el esfuerzo de responder a la mayor cantidad de usuarios para marcar una diferencia.

Como puedes ver, la calidad de un video es importante al momento de crear contenido para usar en YouTube, pero hay otros factores que son importantes para ayudarte a conseguir vistas. Puedes crear cuantos videos quieras y publicarlos, pero sin tomar en cuenta esos otros factores, no conseguirás vistas.

Capítulo 6:
Venta Dirigida de un Producto o Servicio con un Video de Conversión

Hasta ahora, en este libro hemos hablado sobre cómo hacer tu video viral para atraer personas a tu canal. Luego, sobre la creación de videos que te permitan conectarte con tus espectadores, cosas que pueden resolver algún problema y generar valor para que ellos sigan visitando tu canal. ¡Ahora visitaremos el paso que necesitas seguir para empezar a obtener ganancias con tu canal de YouTube!

Una vez que tengas una buena cantidad de espectadores y hayas aprendido a mantenerlos involucrados, será tiempo de aprender cómo venderles tu producto o servicio. Esto puede ser emocionante ya que empezarás a ver el fruto de todo el arduo trabajo que has puesto en este proceso.

Ahora es tiempo de convencer a los espectadores de que necesitan adquirir tu producto o servicio. En muchos casos, los espectadores de tu canal no necesitarán el producto. De otra manera, ya lo habrían obtenido por su cuenta. Es tu trabajo mostrarles cómo el producto o servicio será de valor para ellos y hacer que lo adquirieran.

Una de las formas más efectivas de convencer a tus espectadores de que necesitan tu producto o servicio es mediante el uso de Videos de Conversión. Este tipo de videos es importante ya que convertirán al público que ya tienes en tus clientes. Estos videos pueden ser de larga duración, a veces de hasta dos horas, pero la mayoría de las compañías no harán videos tan largos.

Es importante recordar que estos videos sólo llamaran la atención de un grupo específico en tu público. No recibirás tantas vistas en este tipo de videos como en otros, y la cantidad de comentarios y veces que el video es compartido serán más bajas, pero esto no será un problema. Si realizaste los otros pasos correctamente, habrá personas que verán el video y es muy probable que se conviertan en tus clientes.

Hay varios factores que podrás encontrar en tus videos de conversión. Algunos aspectos que puedes notar en este tipo de video son:

- El video puede ser de larga duración, entre cinco minutos y dos horas de duración.

- Baja cantidad de veces compartido

- Baja cantidad de comentarios

- Baja cantidad de "Me gusta"

- Un público específico y refinado

- Un alcance que está limitado prácticamente a tus suscriptores, así que es importante que te asegures de tener una buena cantidad de suscriptores antes de comenzar a subir este tipo de videos.

Ahora que sabemos un poco más sobre los videos de conversión, es momento de pasar a los tipos de videos de conversión más populares y efectivos.

Videos informativos

Estos videos son muy buenos ya que te permitirán demostrar tu completo, extenso y espectacular conocimiento sobre algún tema. Tu trabajo es demostrar que eres un experto en tu área, que eres la persona a la cual todos deben acudir si quieren aprender sobre un tema en particular.

A través de estos videos, vas a comercializar tu conocimiento en esta área. Esto te ayudará a vender libros, planes, consejos, o alguna otra cosa. Frecuentemente, este tipo de videos resulta exageradamente costoso, así que la capacidad de mostrar a tus suscriptores el valor de trabajar contigo puede resultar impactante para ellos. Algunos ejemplos de lo que puedes mostrar en este tipo de video son:

- Presentaciones y charlas

- Opiniones personal y podcasts

- Guías sobre cómo hacer diferentes cosas

- Tutoriales

- Consejos

Videos demostrativos

La siguiente cosa en la que puedes trabajar es un video demostrativo. Este es el tipo de video con el cuál mostrarás a tus espectadores cómo el producto o servicio que estás vendiendo funciona. Recuerda que el reto que enfrentarás cuando apliques una estrategia de marketing de algún producto, será mostrar cómo tu producto o servicio generará algún valor para tus clientes. Cuando hagas un video demostrativo, serás capaz de mostrar a tus clientes qué tan valioso es el producto.

En estos videos, es más importante para ti enfocarte en los beneficios que brindan el producto o servicio, en lugar de cómo funciona. Por supuesto, puedes mostrar cómo funciona el producto, pero es más importante que te enfoques en sus beneficios. Algunos ejemplos de cómo puedes hacer esto es mediante tu experiencia personal, evaluación del producto, documentación, modo de uso, testimonios, portafolio, y experiencia por parte de otros clientes.

Videos solicitando apoyo de la comunidad

En este tipo de videos, necesitarás trabajar bajo la base del vínculo emocional que has estado estableciendo con tus espectadores. Aunque el espectador no necesariamente necesite tu producto ahora mismo, descubrirás que estos videos son perfectos para convencerlos de comprarlo como una forma de aprecio hacia ti y tus videos. Esta estrategia sólo funcionará si has generado suficiente compromiso con tus espectadores, o un público de millones.

Capítulo 6: Venta Dirigida de un Producto o Servicio con un Video de Conversión

No querrás comenzar estos videos de conversión de inmediato. Debes crear una relación con tus clientes antes de que ellos hagan una compra, y si intentas venderles algo directamente con el primer video que subas, tendrás problemas para lograr ventas.

En cambio, si comienzas con videos que ayuden a fomentar esta relación con el público, contenido que proporcione algún beneficio a tus clientes y los haga regresar por más, te será más fácil usar estos videos de conversión cuando tu nivel de audiencia sea mayor, y lograrás los resultados deseados. Quizás te emocione la idea de ganar mucho dinero al empezar en YouTube, pero si no puedes atraer a tu público meta ni generas valor para ellos rápidamente, estarás haciendo esfuerzo en vano.

Capítulo 7:
Promocionando Tus Videos

Hemos dedicado un espacio en este libro para hablar sobre cómo puedes crear videos y algunas de las diferentes opciones que puedes escoger para atraer más clientes a tu canal. Entonces, ahora que tienes un buen video, ¿cómo planeas promocionarlo de manera que la mayoría de los clientes vean este contenido? Puedes tener unos videos y un contenido fantástico para compartir con otros, pero sin promoción alguna, todo tu esfuerzo y trabajo habrá sido en vano.

Muchas veces, especialmente en la etapa inicial de un canal, te sentirás decepcionado con la cantidad de vistas que tu video obtiene por sí solo. Las vistas orgánicas son sencillamente el número de usuarios que han visto tus videos sin necesidad de haber pagado por algún tipo de publicidad para ayudarte. Para algunas personas que no tienen experiencia con el marketing en las redes sociales o en línea, la idea de pagar por una de estas campañas de marketing puede parecer abrumadora y costosa. La buena noticia es que estas campañas pueden resultar fáciles de hacer, y con el tipo de video adecuado, se pueden pagar por sí mismas.

Es probable que no te lo sepas de primera mano, pero los canales más exitosos en YouTube son los aquellos que paguen por campañas publicitarias. Ellos no hacen simplemente una que otra campaña; sino múltiples campañas a gran escala. Por ejemplo, algunos de los más grandes videos de música consiguen sus primeros millones de vistas a través de una gran campaña publicitaria que empieza justo cuando el video es lanzado al público. Debido a esto y al alto tráfico web que ocurre justo cuando el video ha sido lanzado, el algoritmo para YouTube verá esto como un video importante y le dará publicidad. Esto significa que YouTube pondrá el video entre los más destacado en la página principal y puede rápidamente convertirse en un video viral.

Esto significa que usar publicidad en YouTube es muy importante, pero como alguien nuevo al mundo del marketing: ¿Dónde se supone que debes empezar? Este capítulo hablará sobre cuales plataformas publicitarias puedes usar, que objetivos quieres alcanzar con cada una de ellas, e incluso cómo ayudarte a establecer una campaña publicitaria.

AdWords: la mejor herramienta

AdWords es considerado uno de los mejores y más grandes servicios publicitarios disponibles en la actualidad. Es un servicio creado y manejado por Google, con ganancias que sobrepasan los 4 mil millones de dólares al año. Gracias a la información de todos los usuarios que posee Google, AdWords te permitirá perfeccionar tu público meta utilizando sus intereses, género y edad. Y tras adquirir YouTube, Google adaptó AdWords para que también funcione con videos.

Luego de ser utilizado durante décadas por muchos promotores en línea para llegar a su público meta, AdWords para Video fue desarrollado para utilizarse fácilmente y estar disponible para cualquier persona. Solo necesitas crear un anuncio que quieras utilizar, definir tu público meta, y escoger tus opciones de presupuesto. Al tener esto listo, AdWords para Video trabajará para asegurarte de que tu anuncio esté al frente de cada usuario que haya visto contenido similar, lo cual que ayudará a conseguir más vistas y suscriptores.

La pregunta que la mayoría de las personas se hacen tras obtener toda esta información es: ¿Y cuál es el costo de una campaña publicitaria con AdWords? Te sorprenderá lo económico que es poner tu contenido frente a un público específico, un público que está interesado en la información y que probablemente seguirá tu canal.

Lo bueno de AdWords para Video es que solo pagarás por el video cuando alguien lo vea. No tendrás que pagar porque alguien haya visto el título del video o algo por el estilo, sino cuando las personas realmente tomen su tiempo para ver tu video. Además, si tienes un presupuesto inicial limitado, podrás seleccionar el precio por vista o un presupuesto diario para ayudarte a mantener un control.

Si te parece que la campaña no está funcionando tan bien como quisieras, o si está resultando mejor de lo que esperabas, podrás detener o modificar la campaña en cualquier momento. No será necesario que avises para realizar esto. Recuerda que tanto AdWords y YouTube ofrecen secciones de analítica que pueden ayudarte a ver qué tan exitosas podrán resultar tus campañas de marketing, con mucha precisión para ayudarte a decidir si la campaña está funcionando como quieres.

Antes de que inicies cualquier tipo de campaña de marketing, y en especial una que quieras llevar a cabo con AdWords para tus videos, necesitas tener una estrategia previa, con metas claramente definidas para ayudarte a tener éxito. Otra cosa que disfrutarás de trabajar con AdWords para Video es que te ofrecerá configuraciones que pueden ayudarte a cumplir los objetivos de tu campaña. Hay múltiples configuraciones disponibles, pero a menudo, una de las siguientes opciones resulta la mejor para alguien con un canal nuevo:

- Quiero llegar a más personas: si quieres hacer una campaña que llegue a muchas personas y las dirija a tu canal, AdWords es capaz de ayudarte con ello. Para esto, necesitarás trabajar promoviendo un video de tráfico web como los que discutimos anteriormente en este libro.

- Quiero aumentar el compromiso: si quieres hacer una campaña que te ayude a aumentar el compromiso de tu público con tus videos, encontrarás que existen otras herramientas más eficientes, pero AdWords te permite realizar algunas cosas para esto. Si quieres usar AdWords, es mejor enfocarte en tu contenido, la presentación del canal y la calidad antes de hacer esto.

- Quiero lograr más conversiones: AdWords es una de las mejores herramientas para incrementar las conversiones en tus videos. Las conversiones son el número de personas que terminan adquiriendo el producto o servicio que promociones en YouTube. Puedes enfocarte en aumentar tu público antes de promocionar algo usando un Video de Venta Dirigida.

Te darás cuenta que AdWords hará las cosas mucho más fáciles para ti. No estarás limitado solamente a los suscriptores que conseguirían tus videos de manera orgánica. Con la ayuda de AdWords, podrás llegar a cualquier persona que esté directamente interesada en tus productos o servicios. Por supuesto, la mayoría de estos usuarios no tendrá idea de quién eres y no existirá una conexión emocional. Esto puede resultar en una baja tasa de conversión. Pero si colocas un Video de Venta Dirigida ante un número suficiente de personas, resultará en un incremento de tus ventas.

Publicidad en Facebook

Aunque AdWords para Video es una gran plataforma con la cual trabajar para promocionar tu canal, Facebook es otro medio disponible que puede ayudarte. Debido a la gran cantidad de información personal que las personas comparten en Facebook, podrás llegar con mayor facilidad a tu público meta y mostrarles tu mensaje.

Si eres completamente nuevo al mundo del marketing y quieres mantener tu presupuesto bajo control, trabajar con Facebook es una buena opción para ti. Muchas personas ven Facebook como una de las plataformas más económicas y efectivas para la publicidad en línea. Esta es una buena forma de compartir algunos de los videos que quieres promocionar y difundirlos entre tus amigos y otras personas. Quizás debas realizar una campaña publicitaria para ayudarte a difundirlos más allá de las personas que conoces, pero esto puede representar un gasto efectivo para ti que te ayudará a conseguir más visitas para tu canal de YouTube.

Trabajar con diversas plataformas de redes sociales es una de las mejores formas de ayudarte a promocionar tu video fuera de YouTube. Mientras que eso está fuera del alcance de este libro, puede hacer una gran diferencia en la cantidad de personas que verán tus videos y visitarán tu canal de YouTube.

Capítulo 8:
Cómo crear una Campaña de AdWords

En el capítulo anterior discutimos cómo AdWords para Video puede ser una de las mejores herramientas para ayudarte a mostrar tu contenido a tus clientes potenciales, y así empezar a ver ganancias. Pero si nunca has trabajado en una campaña de AdWords, puedes tener dudas antes de empezar una. Este capítulo contiene varios pasos que debes seguir para poder crear tu primera campaña con la ayuda de AdWords para Video. Este proceso es realmente simple, incluso para personas que no están acostumbradas a crear campañas en línea para su compañía.

El primer paso es ingresar a una cuenta de Google AdWords para Video. Allí podrás crear tu campaña de AdWords. Solo tienes que entrar al sitio web**www.adwords.google.com/videos**. Aquí podrás usar tu cuenta de YouTube o Google para iniciar sesión. Luego selecciona tu zona horaria y la moneda que prefieras utilizar para pagar la campaña.

Una vez que crees tú cuenta de AdWords, será tiempo de vincularla a tu canal de YouTube y crear una campaña. Antes de crear esta campaña, deberás asegurarte de vincular ambas cuentas. Esto te facilitará la selección de los videos con los que quieres trabajar y te proporcionará una analítica más detallada de la campaña. También puedes usar esto para añadir botones de llamada a la acción si así lo prefieres. Para comenzar, debes hacer clic en el botón "Cuentas de YouTube Vinculadas", el cual está ubicado en la esquina inferior del lado izquierdo de la pantalla.

Luego de vincular la cuenta, será tiempo de crear una nueva campaña. Deberás buscar el botón "Campañas". Podrás encontrarlo en la esquina superior del lado izquierdo de la pantalla. Tras hacer clic en ese botón, podrás seleccionar "+Nuevo Campaña de Video" y comenzar tu primera campaña.

Querrás establecer algunos parámetros para tu campaña para que se vea bien. El primer parámetro que deberías configurar es el nombre de la campaña. Asegúrate de que sea algo memorable para que lo puedas ubicar con facilidad en el futuro. Y el segundo parámetro que debes fijar es el presupuesto diario que quieres gastar. Esto puede ayudarte a mantener las cosas bajo control y que el costo no sea excesivamente alto.

Tan pronto configures los parámetros que quieres usar, será el momento de definir la ubicación y los idiomas para tu anuncio. Puedes comenzar por filtrar tu público y elegir a las personas a las que quieres llegar. Para esto, puedes escoger ciertas ciudades en las que miembros de tu audiencia viven e incluso algún país con el cual quieras expandir tu público. Por supuesto, asegúrate de escoger el idioma más accesible para la mayoría de tu público.

Una vez que establezcas algunos de los parámetros de tu anuncio, será el momento de escoger el video que quieres mostrar con tu anuncio. Para esto, haz clic en el botón "Seleccionar video" y busca entre la lista de videos disponibles el que quieres mostrar. También puedes usar el enlace URL, el nombre del canal, o palabras clave para hacer esto más fácil. Querrás asegurarte de que el video que estés promoviendo llamará la atención de tus clientes y te dará más vistas. Usa alguno de los consejos mencionados en los primeros capítulos para determinar cuál video usar.

Cuando trabajes con AdWords para Video, te darás cuenta de que esta herramienta utiliza TrueView. Este es un modelo de marketing que sólo le cobra al anunciante cuando un espectador haya visto activamente el anuncio de tu video. Hay diferentes formatos entre los cuales puedes escoger para crear anuncios TrueView, y estos determinarán el lugar en el que este anuncio se mostrará en la página de YouTube. Es importante seleccionar el que sea mejor para ti, y así obtener los resultados deseados. Los cuatro formatos disponibles puedes escoger en TrueView son:

- Anuncios In-search: estos son los anuncios que aparecerán en la página de búsqueda de YouTube. Los espectadores podrán ver el anuncio, ya sea a un lado o arriba de los resultados de búsqueda, cuando estén buscando contenido similar al tuyo. Solo pagarás cuando alguien haga clic en el anuncio y vea tu video.

- Anuncios In-display: con esta opción, tus anuncios aparecerán junto a los videos sugeridos en YouTube. Los espectadores podrán hacer clic en tu anuncio que aparecerá junto a algún video de YouTube, o en la página principal de un canal, para ver el video. Igualmente, solo pagarás cuando alguien haga clic en el anuncio y vea tu video.

- Anuncios In-stream: son los tipos de anuncios que se reproducen automáticamente antes, durante o después de alguno de los videos de socios de Youtube, que pueden tener cualquier duración. Con estos, puedes colocar un anuncio completo, pero los espectadores tendrán la opción de saltar el anuncio luego de cinco segundos. Solo pagarás por el anuncio cuando alguien vea el anuncio completo o al menos 30 segundos del mismo.

- Anuncios In-slate: este tipo de anuncios se reproducen antes de ver un video de socios de YouTube. Usualmente, estos anuncios se muestran antes de videos con una duración mayor a diez minutos. Antes de que el video empiece, el espectador podrá escoger ver uno de tres anuncios y verlo sin pausa alguna, o simplemente pueden ver el video con pausas comerciales. Solo pagarás cuando alguien haga clic en el anuncio y vea el video.

Como puedes ver, hay diferentes tipos de visibilidad que puedes obtener con cada opción. Algunas te darán más vistas que otras, pero serán más económicas, o simplemente puedes conseguir más vistas y pagar un poco más. Simplemente se trata de lo que te gustaría hacer para llegar a tus clientes y el presupuesto que tienes para ello.

Una vez que escojas el tipo de anuncio entre los formatos anteriores, será tiempo de decidir cómo quieres que el anuncio aparezca a tus espectadores. Los aspectos principales que necesitas definir incluyen un encabezado, una descripción, un enlace URL, la imagen miniatura, y el nombre del anuncio (este último solo será visto por ti, tus espectadores nunca lo verán).

En este punto, deberás establecer tu oferta. Esta es la sección en la que definirás qué tanto estás dispuesto a pagar por anuncio. Notarás que a esto se le conoce como CPV, o Coste Por Visualización. Recuerda que en la mayoría de las plataformas en línea y redes sociales, el espacio publicitario es asignado de acuerdo a estrategias de oferta. Si terminas haciendo ofertas que son muy bajas, no serás capaz de ganar espacio publicitario alguno para tu anuncio.

Hay diferentes modos para ofertar que podrás realizar para este proceso. Puedes escoger entre un modo básico y un modo avanzado. El modo avanzado te permitirá realizar cambios en tus ofertas para cada uno de los cuatro formatos mencionados anteriormente, mientras que en el modo básico mantendrás la misma oferta sin importar el tipo de anuncio que estés usando.

Luego, deberás darle un nombre y asignar el público meta con el que quieres trabajar. Esto no es algo que los espectadores podrán ver, pero te puede ayudar a con la organización de esta campaña, y es algo para considerar en las próximas. A partir de aquí, podrás continuar y determinar quiénes son las personas que verán tu campaña publicitaria, conocidas como tu público meta.

Durante este proceso, también deberás escoger algunas palabras clave. Querrás escoger palabras relevantes para los usuarios con los que estés trabajando. Esto les facilitará el trabajo de encontrarte cuando realicen una búsqueda similar a lo que tú ofreces. Si te resulta difícil decidir que palabras clave quieres usar, deberías hacer una búsqueda rápida sobre los intereses de tu público. También puedes usar el servicio de YouTube conocido como "Obtener sugerencias de Targeting" para seleccionar el público con el que deseas trabajar y ver las palabras clave más relevantes.

Puedes utilizar el mismo proceso para filtrar palabras clave negativas. Estas representaran a los usuarios a los cuales no quieres, bajo ninguna circunstancia, promocionar tu producto o servicio. Por ejemplo, si estás trabajando en un canal que promueve la carne a la parrilla, querrás evitar "vegetariano" como palabra clave.

Por último, necesitarás asegurarte en esta última sección de que le estás proporcionando la información correcta de pago a AdWords. Tus anuncios nunca serán publicados en YouTube si no provees esta información ya que YouTube recibir su pago por cada vista que consigas.

Trabajar con AdWords no es un proceso complicado, aún si nos tomó varias páginas para cubrir este proceso. Como verás, hay muchas sugerencias y cambios que puedes hacer, pero todas estas opciones tienen el fin de ayudarte a llegar a las personas adecuadas. Tómate un tiempo al elegir el mejor espacio para tus anuncios en YouTube, las palabras clave correctas, el video que quieres usar, entre otras cosas, y así será más probable obtener los resultados que buscas obtener con estas campañas publicitarias de AdWords.

Capítulo 9:
Seguir Tu Desempeño con la Ayuda de YouTube Analytics

Una vez que termines de crear tu campaña, usando las herramientas de las que hemos hablado hasta ahora, será tiempo de ver si la campaña está funcionando o no. Ningún especialista en marketing quiere iniciar una estrategia y esperar que las cosas simplemente funcionen por si solas, sin conocer nunca si están llegando al público correcto o no. Aquí es donde entra YouTube Analytics.

YouTube Analytics es una herramienta que te proporciona mucha información sobre el éxito y crecimiento del público, videos, y todo sobre tu canal de YouTube. Si nunca has usado algo como YouTube Analytics, te sorprenderá toda la información que encontrarás dentro de esta herramienta cuando la empieces a usar. Por ejemplo, es posible usar esta herramienta para descubrir exactamente cómo llegaron las personas a tu canal de YouTube, hasta el enlace que utilizaron para llegar. Esta es solo una de las cosas geniales que puedes hacer con YouTube Analytics.

Cómo acceder a YouTube Analytics

Aunque YouTube Analytics es una gran herramienta, debes estar seguro de poder acceder a ella antes de poder disfrutar sus ventajas. En algunas plataformas de redes sociales, descubrirás que es difícil acceder a las herramientas de análisis que poseen. Por ejemplo, solo puedes acceder a los servicios de analítica disponibles en Twitter si les pagas por campañas de marketing. La buena noticia es que el acceso a YouTube Analytics es gratuito y muy simple.

El primer paso es entrar a tu canal personal de YouTube. Una vez allí, solo necesitas seguir el enlace **www.youtube.com/analytics**. Al cargar la página, debes buscar la barra de herramientas. Debería haber una sección de Analítica en la que puedes hacer clic antes de pasar a la vista general.

La vista general es un buen lugar para comenzar. Te proporcionará un resumen de los datos más importantes de tu canal. Puedes darle un vistazo a esta página y descubrir algunas de las tendencias generales de tu canal. Habrá detalles que serán listados en esta vista general. Algunos de estos son:

- Reporte de vistas: este es el lugar al que quieres dirigirte si quieres saber el número de vistas que has recibido con el tiempo. También puedes utilizarlo como una fuente para todos estos reportes y mejorar el foco de tu publicidad.

- Reporte demográfico: con esta sección obtendrás información detallada de tu público. Estos datos serán útiles para perfeccionar el perfil de tu público meta. Algunas de las medidas más relevantes incluyen el rango de edad, ubicación de reproducciones y la distribución de género.

- Reporte de fuentes de tráfico web: este es un reporte que te será sumamente útil. Te ayudará a conocer exactamente cómo un usuario encontró tu video, lo cual puede resultar importante si quieres que tu canal crezca. Por ejemplo, si un blog externo destacó tu video, podrás ver que varias de las vistas vinieron de esa fuente en particular.

- Reporte de retención de público: estos serán los datos más importantes para involucrarte con tu público. Mostrará qué tan involucrado estuvo tu público con el video. Frecuentemente, las personas no estarán tan involucradas a medida que se reproduce el video a menos que esté ocurriendo algo asombroso. Es importante descubrir dónde estás perdiendo a tu público y usar esta información como un método para mejorar tu video.

Luego de que comiences con un nuevo video o campaña publicitaria, deberías darle algo tiempo para que las personas le den un vistazo. No serás capaz de obtener buena analítica a la media hora de haber publicado un video nuevo. La buena noticia es que estos datos se actualizarán constantemente si eres paciente y dejas a la analítica cumplir con su trabajo.

Es una buena idea revisar la analítica regularmente para organizar las cosas y tenerlas listas en el momento adecuado. Hay mucha información que podrás obtener de la analítica y las puedes usar para determinar con qué temas trabajar, los mejores lugares para promocionar, y mucho más. Recuerda que tus videos deben generar algún valor para tus espectadores, así que si ves el compromiso empieza a disminuir, o que no estás obteniendo el número de vistas que buscas, quizás sea tiempo de cambiar las cosas un poco. La analítica te ayudará con esto y podrás ver los resultados en corto tiempo.

Conclusión

Gracias por llegar al final de este libro, esperamos que haya sido informativo y que te haya proporcionado todas las herramientas que necesites para lograr tus metas, sin importar cuales sean.

El siguiente paso es descubrir cómo quieres venderte en YouTube. El tipo de producto que deseas vender hará una gran diferencia en esto, así que debes estar preparado y trabajar en ese primer video. El video que logre atraer a las personas es, a menudo, el mejor punto de partida para tu canal. Muchas personas se preocupan demasiado sobre cómo crear videos para simplemente vender sus productos, y se olvidan de que los clientes quieren sentir un vínculo con su vendedor primero, mucho antes de ver algún producto que esté a la venta.

Este libro tiene toda la información que arrancar con éxito tu propio canal de YouTube. Sin importar qué tipo de producto o servicio estés tratando de vender, debes estar seguro de que estás siguiendo los pasos explicados aquí. Desde entender cómo hacer tu primer video, hasta generar valor para tus clientes, la promoción de los videos, e incluso la promoción de tu propio producto con el transcurso del tiempo, tendrás todo el conocimiento necesario para ver resultados con esta forma única de marketing.

YouTube no es un medio de marketing de cuál te quieras mantener alejado. Hay tantas cosas que puedes hacer en este medio y que son muy efectivas para ayudarte a establecer una relación con tus clientes potenciales. Cuando estés listo para empezar a usar YouTube para todas tus necesidades de marketing, ¡recuerda regresar a este libro y estudia todo lo que necesites saber!

www.ingramcontent.com/pod-product-compliance
Lightning Source LLC
Chambersburg PA
CBHW071515210326
41597CB00018B/2758